O MELHOR DO CORTELLA

MARIO SERGIO CORTELLA

O MELHOR DO CORTELLA

TRILHAS DO FAZER
IDEIAS, FRASES E INSPIRAÇÕES

Planeta

Copyright © Mario Sergio Cortella, 2019
Copyright © Editora Planeta do Brasil, 2019
Todos os direitos reservados.

Seleção inicial dos excertos: Janete Bernardo da Silva
Edição e ordenamento final para o autor: Paulo Jebaili

Revisão: Vivian Miwa Matsushita
Projeto gráfico e diagramação: Marcela Badolatto
Capa: Mateus Valadares

Dados Internacionais de Catalogação na Publicação (CIP)
Angélica Ilacqua CRB-8/7057

Cortella, Mario Sergio
 O melhor do Cortella - trilhas do fazer / Mario Sergio Cortella. – São Paulo: Planeta do Brasil, 2019.
 144 p.

ISBN: 978-85-422-1641-7

1. Filosofia 2. Citações e máximas 3. Liderança 4. Competências essenciais I. Título

19-0829 CDD 808.882

Índices para catálogo sistemático:
1. Filosofia

2019
Todos os direitos desta edição reservados à
Editora Planeta do Brasil Ltda.
Bela Cintra, 986 – 4º andar – Consolação
01415-002 – São Paulo-SP
www.planetadelivros.com.br
faleconosco@editoraplaneta.com.br

*Para Claudia Hamra,
guria amorosa, desatadora de nós e exímia
cuidadora de sonhos partilhados...*

SUMÁRIO

LETRAS E AFETOS 11

CARREIRA 31
  Relações com o trabalho 33
  Significados do trabalho 43
  Gestão de carreira 49
  Cada vez melhor 53
  Ócios e negócios 57

LIDERANÇA 63
  Líder virtuoso 65
  Relação com liderados 71

CONDUTAS 77
- *Motivações e propósitos* 79
- *Partir ou ficar?* 83
- *Virtudes e pecados* 89
- *Ética não é cosmética* 95
- *Avaliação e autoavaliação* 107
- *Pontos capitais* 111

COMPETÊNCIAS 117
- *Em formação* 119
- *Informação e formação* 125
- *Para ser competitivo* 129
- *Gerações em convívio* 135

BIBLIOGRAFIA 139

LETRAS E AFETOS...

A leitura sempre fez parte da minha trajetória, seja como estudante, seja na docência exercida em mais de quatro décadas, seja na atividade de escritor, aqui celebrada nesta segunda compilação que forma a trilogia *O melhor do Cortella*.

Posso assegurar que minha produção autoral de 40 títulos, em grande medida, só se realizou por eu ter lido mais de 10 mil livros ao longo da minha vida. Alfabetizado aos 6 anos de idade, estou há mais de seis décadas em permanente contato com a leitura.

Esses 10 mil livros escrevem também parte da minha produção intelectual e da minha própria trajetória desde a alfabetização. O que escrevo, num certo sentido, resulta do rearranjo das ideias com as quais tomei contato, da interpretação dos conteúdos dos autores que contribuíram para a minha formação.

Costumo brincar, e sempre que posso conto isso, que a minha relação com a Literatura é figadal (e, para acentuar o tom de piada, literalmente). O fato é que, aos 7 anos de idade, eu tive hepatite. Naquela época, a recomendação médica era ficar três meses em repouso absoluto, sem sair da cama nem para tomar banho. O desafio dos meus pais era como distrair um menino que tem de ficar imóvel por três meses. Vale lembrar que em Londrina, minha cidade natal, a televisão ainda não havia chegado. A solução era ler. Eu já lia um ou outro gibi e, acamado, comecei a mergulhar nos livros infantis. Depois de um mês, entretanto, não havia mais livro infantil à disposição.

Solidários, vizinhos e amigos passaram a trazer os livros que tinham em casa. Dessa forma, eu li *Os Irmãos Karamázov,* de Dostoiévski, pouco depois de alfabetizado. Obviamente, não entendi nada. Algumas (bastantes!) cenas de *Os Maias*, de Eça de Queirós, me eram nebulosas. Já *Dom Quixote,* de Cervantes, eu compreendi. De todo modo, nesses dois meses, o passeio por aquilo que a vizinhança tinha de Literatura criou em mim um apreço imenso pelo universo das letras. A Literatura me transportava para outros mundos. E que portal maravilhoso era aquele!

Era uma espécie de bálsamo também. Além de ficar na cama, eu tinha de tomar duas injeções por dia e lembro que deixava para ler a melhor parte depois das agulhadas. Hoje, olhando em retrospectiva, esse período me marcou mais pela descoberta do prazer da leitura do que pela doença. Ali estavam lançadas as sementes de algo que me acompanharia vida afora.

Tanto que, depois de recuperado, comecei a fazer as minhas escolhas de leitura. As primeiras recaíram sobre Monteiro Lobato. Li *Reinações de Narizinho*, emendando em *Caçadas de Pedrinho* e esse universo descortinado por Lobato ficou muito marcado em minha formação.

Em seguida, descobri os livros de aventuras, que me arrebataram de imediato. Obras como *Robinson Crusoé*, de Daniel Defoe, *As viagens de Gulliver*, de Jonathan Swift, e *Moby Dick*, de Herman Melville, me deixavam fascinado. Aliás, até hoje aprecio demais livros que envolvam aventura e História. Em especial, aventuras marítimas. Li muito sobre as viagens de Charles Darwin com o comandante FitzRoy pela Patagônia, assim como as de Fernão de Magalhães e de Cristóvão Colombo.

Não só o tipo de leitura me acompanhou até a idade adulta, mas o modo de ler também foi mantido por um bom tempo. Eu tinha o costume de ler deitado, de barriga para baixo, atravessado numa cama, com o livro no chão. Lia sem ter de segurá-lo, só passando as páginas. Apesar de pouco recomendável em termos ergonômicos, eu fiz isso até uns trinta anos atrás.

Um fator que contribuiu de forma decisiva para a manutenção do hábito da leitura foi a presença de livros em casa. Minha mãe era professora, então, obviamente estava sempre em contato com as obras. Meu pai era gerente de banco e tinha uma ligação forte com a leitura. Tanto que, ao sair para o trabalho, deixava para mim e para meu irmão mais novo o jornal diário *Folha de Londrina*. Ao retornar no começo da noite, meu pai sentava na sala e perguntava sobre o conteúdo do periódico: "E aí? O que vocês leram hoje?". No começo, essa incumbência tinha ares de obrigação, mas depois passou a ser encarada como um jogo, um desafio gostoso. A leitura de jornal fez parte diretamente da minha formação e de meu interesse pelo mundo.

Mas esse é um ponto crucial na criação do hábito da leitura. Nem sempre a obrigatoriedade se transforma em gosto. Muitas vezes pode ceifar potenciais leitores.

Quando eu estava no que se chamava antigamente de Ginásio (hoje o Ensino Fundamental II na Educação Básica), minha família mudou-se para a cidade de São Paulo, onde concluí o Ginásio e fiz o Colegial (atual Ensino Médio).

Aos 14 anos de idade, meu gosto pela leitura quase foi abalado. Alguns docentes faziam com que a Literatura para nós, alunos e alunas, fosse olhada não como desejo, mas como um fardo.

No final do mês de junho, por exemplo, vinham com a seguinte proposição: "Aproveitando que vão entrar em férias, vocês farão a leitura de *Guerra e Paz*". Claramente, o discurso de "aproveitando que vocês vão entrar em férias" nos passava a ideia de que iríamos aproveitar aquele recesso com algo que não fosse obrigatório, isto é, que teríamos escolha para aquele período de ócio. Estabelecer, no entanto, que teríamos de ler aquele volumoso livro até a primeira semana de agosto produzia em nós uma rejeição imediata a algo que, na realidade, era fascinante.

Aquela incumbência significava que teríamos de apresentar um resumo (ou fichamento, como se dizia na época), o que não exercia qualquer tipo de sedução em relação àquela Literatura. O que tinha potencial para produzir encantamento se transformava em uma tarefa. A imposição daquela atividade, daquele modo, em vez de ser um passeio pelas veredas das letras tornava-se uma incursão ao inferno.

O que nos restava fazer era comprar o livro ou pegá-lo na biblioteca, ver a quantidade de páginas, olhar o número de dia de férias, dividir um pelo outro e estabelecer quantas páginas teriam de ser lidas por dia. Nesse sistema de cotas de leitura, um dia sem pegar no livro significava tarefa em dobro no seguinte. Na segunda metade de julho batia o desespero em alguns. Uma parte de nós desistia e ia procurar colegas que tivessem feito a leitura para pegar informações.

Ora, a ideia de finalizar uma leitura para cumprir uma obrigação gerava um desprazer imenso. Com aquele estado de espírito não havia espaço para o encantamento. Poderia ter sido diferente? Claro. Se nos fosse passado algum conhecimento sobre o contexto em que Tolstoi produziu aquela obra, quais as referências envolvidas naquela trama, como aquilo se desdobrava na história, se havia alguma correlação com a nossa realidade, o quanto que aquela narrativa carregava a dimensão humana. Sem essas conexões, tudo se resumia à obrigação, sem sedução.

Até hoje acho bastante curioso quando alguma indicação de leitura vem acompanhada da expressão: "Vale a pena ler esse livro". Qual é a pena? Ao se falar assim, a sensação é de haver um castigo naquela atividade. Seria melhor dizer "vale ler esse livro" e não "vale a pena". Vale porque é bom, vale porque vai te encantar, vale porque vai te ensinar, vale porque vai te acrescentar. Não precisa nem deve ser penoso.

Como professor, sempre tive a preocupação de não repetir essa conduta com os meus alunos. Com Filosofia, com Literatura, com as Artes em geral, com a Ciência, com a Religião, seja qual for o tema, me esforço para que nada disso perca encantamento.

Ora, a leitura obrigatória de *Guerra e Paz* ganhou ares de tortura. Era muito mais guerra do que paz. Nós contávamos as páginas com o objetivo de finalizar a tarefa a tempo. Chegar à última página era sinônimo de alívio, a satisfação estava em se livrar do problema. Isso é exatamente o oposto do sentimento de quem gosta de ler.

Hoje, quando estou terminando a leitura de um bom livro, me bate uma ponta de tristeza. Em vez de ficar feliz porque vou dar cabo da leitura, eu vou ficando entristecido, porque desejaria permanecer naquele mundo, fruindo aquela emoção. Em alguns casos, eu me pego até adiando o término. Se faltam dez páginas, eu diminuo o ritmo, deixo o livro um pouco de lado, como se estivesse evitando uma despedida. Esse encantamento, que precisa ser produzido, é uma tarefa do docente. E, aqui, docente no sentido de alguém que ensina, na escola, em casa, na biblioteca, num museu, numa ONG, onde quer que seja. É nossa missão educativa fazer com que as pessoas compartilhem dessa experiência gratificante.

É muito provável que uma parcela das pessoas comece lendo algo que até poderia ser tomado como banal. Pouco importa, pois pode ser um ponto de partida. Nada impede que dali se possa avançar em outras direções.

No meu caso, por exemplo, as histórias em quadrinhos foram decisivas. Eu mergulhava nos enredos dos gibis, das histórias do Batman, do Super-Homem, do Fantasma. Eu os considero, de fato, super-heróis, porque me ajudaram a desenvolver o meu interesse pela leitura. Estimularam a minha imaginação, me descortinaram possibilidades, cativaram o meu gosto por narrativas, aumentaram o meu vocabulário naquela fase da minha formação.

A Literatura pode partir daquilo que é menos complexo e chegar a construções mais sofisticadas, que possam elevar a nossa capacidade e a nossa percepção. Hoje, tendo passado por Platão, Descartes, Kant, Guimarães Rosa e Machado de Assis, tenho muita gratidão por aquele começo com *Reinações de Narizinho*.

Foi a partir daquele universo de Monteiro Lobato que fui galgando os degraus até chegar a *Memórias póstumas de Brás Cubas*, do estupendo Machado de Assis, com aquela envolvente narração feita por alguém que já faleceu. Ou à engenhosidade de *Criação*, de Gore Vidal, espécie de romance histórico que conta a história de Ciro Espítama, neto de Zoroastro (ou Zaratustra), na corte de Xerxes, na antiga Pérsia. Embaixador, o protagonista viaja pelo século V a.C. e tem grandes encontros. Na Índia, com Sidarta Gautama; na China, com Confúcio; na Grécia, com diversos filósofos.

Portanto, quando eu digo ao jovem que a história simboliza um encontro de tempos, que esse romance não tem necessariamente um teor real, mas que é uma obra que carrega uma poesia estupenda, é possível que ele vá procurar essa obra. Mas o que não faço, não quis e não quero fazer é impor: "Você tem de ler *Criação*". Ainda que eu mesmo o tenha feito várias vezes. Eu reli esse livro de Gore Vidal 11 vezes. Só perde para número de releituras de *O Nome da Rosa*, de Umberto Eco, foram pelo menos 15. E jamais esqueço a primeira vez, em 1984, num voo de mais de vinte horas para Tóquio.

Existe um aspecto importante nessa abordagem e que marcou a minha formação docente. Na disciplina Física, ao falar de Isaac Newton, era comum a professora ou o professor descrever: "Newton estava sentado à sombra de uma macieira, quando uma maçã caiu na cabeça dele e ele formulou 'os corpos se atraem na razão direta de suas massas e na razão inversa do quadrado da distância entre eles'". Ao ouvir isso, a classe entrava em estado de estupefação. "Nossa! Esse Newton era um gênio", "Eu jamais conseguirei ser alguém como ele, que era um ser humano extraordinário".

Newton, sem dúvida, era um cientista notável. Mas existe algo que a professora ou o professor deveria ter mencionado. O fato de que quando a maçã caiu, Newton estava estudando a questão da queda dos corpos e da sustentação dos planetas havia mais de quinze anos. Newton era professor em Cambridge, considerada à época a melhor universidade do mundo. A maçã não bateu numa cabeça qualquer. Milhares de maçãs bateram em milhares de cabeças. Por que aquela maçã resultou na formulação de que "os corpos se atraem na razão direta de suas massas e na razão inversa do quadrado da distância entre eles"? Porque

Newton estava preocupado com aquele tema. Estava "pré-ocupado" com aquela questão. E por que estou usando esse exemplo? Porque não há conhecimento, interesse, estímulo quando não existe pré-ocupação, isto é, ocupação prévia das pessoas naquele assunto.

Se eu quero encantar uma pessoa para o mundo da leitura, com todo o potencial que traz em si de prazer, de fruição, de construção pedagógica, de formação, eu preciso situar essa leitura no campo da ocupação prévia da pessoa. Tenho de partir do mundo que o meu aluno e aluna já viu, para que tenham uma compreensão daquilo que virá a partir daquele ponto. Se hoje eu conheço a pré-ocupação de um jovem de 16 anos de idade, de 20 anos de idade – qual música curte, a qual filme assiste, se tem proximidade com algum tipo de leitura, se frequenta museus –, é provável que eu consiga sinalizar um caminho pela Literatura que seja encantador. Se eu conheço essas ocupações prévias, vou sugerir as pontes que permitirão essa conexão.

Isso aconteceu comigo. Posso dizer que a escolha do curso de Filosofia decorreu dessas ocupações prévias. Ao me direcionar para essa área, duas questões estavam bastante claras para mim. Primeiro, eu queria trabalhar no campo da produção escrita. Por ter sido um leitor contumaz desde a infância, eu gostava de escrever. Em segundo lugar, a Filosofia servia também como uma experiência para eu me aprofundar no campo da religiosidade. Eu li bastante sobre religião. Uma das obras que ficava na sala em casa, quando eu era menino, era a *Comédia*, de Dante Alighieri, três volumes imensos, com gravuras feitas pelo Debret. Havia muita coisa ligada à Filosofia nesses textos. Dante cita filósofos, a história começa com ele caminhando com Virgílio, que, por sua vez, cita pensadores do passado. A Filosofia entrou para mim via Dante Alighieri.

A literatura é a possibilidade de conectarmos as vidas na história e, ao mesmo tempo, projetarmos aquilo que pode ser a nossa caminhada no mundo. Tal como fez Virgílio com Dante, tal como Dante fez com vários de nós, e do mesmo modo Graciliano Ramos, Monteiro Lobato, Machado de Assis e tantos outros. Tudo aquilo que nos permite olhar a leitura, o estudo, o aprendizado não como o mundo do suplício, mas como um reino encantado, vale demais.

Posso afirmar que, quando não estou em atividade impeditiva, estou sempre com um livro na mão, seja no ônibus ou no avião, ou em casa e no escritório. E fico muito feliz em observar que contribuí para que meus filhos e filha também cultivassem o hábito da leitura.

Quando eles eram menores, eu comprava aquelas luminárias que têm uma espécie de garra e as prendia no alto da cama para eles lerem. Ajudei ao facilitar as condições e dar o exemplo. Eles cresceram em meio a livros e agora fazem isso com seus filhos e filhas.

Essa foi uma empreitada que posso dizer que deu certo. Todos leem bastante, com alegria e encantamento. Felizmente!

É por isso, também, que lembrar, com este novo volume, os agora mais de trinta anos como escritor, faz com que não esqueça jamais que tenho o dobro disso como leitor...

CARREIRA

Relações com o trabalho

Temos de trabalhar! Podemos fazê-lo para mera obtenção da sobrevivência ou também como um modo de marcar nossa presença no mundo!

→ *(Por que fazemos o que fazemos? P. 17)*

Quero deixar claro que não gosto da separação entre "vida pessoal" e "vida profissional", uma vez que o trabalho faz parte da vida pessoal. Sou uma pessoa e, portanto, tenho também uma vida profissional. Não sou um profissional e uma pessoa; sou uma pessoa cuja vida tem várias dimensões. Uma delas é a profissional, a minha carreira, que é uma dimensão muito importante do meu cotidiano, entre outras razões, porque dedico muito tempo a ela.

→ *(Vida e carreira. P. 7)*

Nós fazemos o trabalho, mas, em certo sentido, ele também nos faz. Isso acontece na medida em que o trabalho ajuda a moldar as nossas habilidades e competências. As atividades que realizamos contribuem para formar a nossa identidade profissional.

→ *(Por que fazemos o que fazemos? P. 51)*

Ora, há um certo exagero na postura que não identifica no trabalho qualquer forma de prazer. Ao contrário, a noção de prazer não é só a fruição imediata, mas é a de sentir-se bem no lugar. E são milhares e milhares de pessoas que se sentem bem fazendo o que fazem, nos hospitais, nas fábricas, nas redações, nas escolas. Nós, inclusive, temos o hábito de, quando alguém sai de casa, dizer "bom trabalho", como se fosse "bom passeio", como uma forma de comunicação.

→ *(Qual é a tua obra? P. 15)*

... a ideia de trabalho como castigo, algo sem fim, marca muito mais uma desorientação em relação aos rumos que se deseja na vida do que algo que possa ser extinto.

→ *(Pensar bem nos faz bem! – 2. P. 60)*

Etimologicamente, a palavra "trabalho" em latim é *labor*. A ideia de *tripalium*, aparecerá dentro do latim vulgar como sendo, de fato, forma de castigo. Mas a gente tem de substituir isso pela ideia de obra, que os gregos chamavam de *poiesis*, que significa minha obra, aquilo que faço, que construo, em que me vejo.

→ *(Qual é a tua obra? P. 21)*

O propósito original do trabalho é que não nos deixemos morrer. Afinal de contas, somos seres de carência, de necessidade. Ou construímos o nosso mundo ou não há como existir.

→ *(Por que fazemos o que fazemos? P. 16)*

Claro que ninguém pode ser tolo para supor que o trabalho não tenha importância, mas é também evidente que o trabalho não pode ser a nossa única referência.

→ *(Pensar bem nos faz bem! – 2. P. 112)*

É necessário reinventar o modo como estamos existindo; não é apenas o mundo do trabalho, que é só uma das dimensões. Não é a única nem a exclusiva, é aquela na qual nós gastamos mais tempo.

→ *(Qual é a tua obra? P. 60)*

Considero importante reforçar uma distinção: emprego é fonte de renda, enquanto trabalho é fonte de vida. Trabalho gera vitalidade, emprego pode muitas vezes apenas dar dinheiro.

→ *(A sorte segue a coragem! P. 119)*

Aquilo que me emociona pode me afetar, me motivar, de maneira negativa, para eu fugir, para eu rejeitar, para eu recusar. Ou pode me emocionar, me motivar para aquilo que é positivo para eu aderir, para eu me comprometer, para eu fazer parte.

Por isso, um trabalho no qual eu encontro e desejo qualidade é aquele que me emociona positivamente. Porque há trabalhos – e até mais do que trabalhos; empregos, atividades, ocupações – que acabam por me motivar negativamente, e essa motivação negativa nós chamamos de desmotivação.

→ *(Não se desespere! P. 81/82)*

Trabalho coincide com minha vida, com minha ação no mundo. Se eu imaginar que meu emprego é meu trabalho, vou reduzir a minha vida a meu emprego e aí, sem dúvida, vou sofrer bastante quando sair do emprego. Mas sair do emprego ou cessá-lo naquele lugar não retira de mim a condição de estar no mundo do trabalho.

→ *(Vivemos mais! Vivemos bem? P. 90)*

É necessário interromper a lógica que entende o trabalho contínuo e incansável como sendo a única fonte de saudabilidade moral e cívica; é preciso enterrar a estranha racionalidade que entende a capacidade de voltar a trabalhar como sendo o melhor critério de saúde. É comum um adulto internado em um hospital ou adoentado em casa considerar-se sarado apenas quando, após perguntar ao médico se pode voltar ao trabalho, fica por ele "liberado"; por que não perguntar: "Doutor, já estou bom? Já posso voltar a namorar, bailar, transar, jogar?".

→ *(Não nascemos prontos! P. 52/53)*

Atualmente, em função dessa competitividade, qualquer organização produz nas pessoas, de maneira geral, essa sensação de que elas têm uma dívida a ser paga. Há sempre um déficit.

→ *(Vida e carreira. P. 10)*

Ocupamos uma boa parte do nosso tempo fora do mundo do trabalho – incessante e extenuante – cuidando das nossas doenças, só para podermos ficar momentaneamente aptos para continuar agindo do mesmo jeito que agíamos, e, portanto, conseguirmos melhores condições para fortalecer ainda mais as circunstâncias que nos deixam doentes...

→ *(Não nascemos prontos! P. 76/77)*

Essa competitividade atingirá seu esgotamento nas próximas décadas. A humanidade só conseguiu sucesso até hoje na sua história por meio de cooperação. Claro que a competição ajuda quando se quer incrementar a energia da ação. Mas, colocada no patamar em que hoje está, é autofágica.

→ *(Vida e carreira. P. 94)*

Nós estruturamos, nos últimos 400 anos, uma sociedade com uma ideologia extremamente competitiva. Não que a competitividade não deva ter o seu lugar, mas ela não pode se sobrepor à colaboração como a principal maneira de sobrevivência da humanidade.

→ *(Pensar bem nos faz bem! – 2. P. 20)*

O mundo está mudando. Mas a novidade não é a mudança do mundo, porque o mundo sempre mudou. A novidade é a velocidade da mudança.

→ *(Qual é a tua obra? P. 80)*

De 20 ou 30 anos para cá, mas especialmente do início dos anos 1990 até hoje, cada um teve que assumir sua própria história. É quase como se alguém dissesse: "Você é o dono da sua história, é o dono da sua carreira. Agora cabe a você traçar seu caminho. E, se não der certo, a responsabilidade também será sua, é você que está no comando".

→ *(Vida e carreira. P. 17)*

O envolvimento pessoal na empresa se reduziu bastante nos últimos tempos. Com frequência as pessoas não se sentem mais integradas, participantes. É como se aquilo não fosse parte do universo delas, como se fosse apenas um lugar que frequentam.

→ *(Vida e carreira. P. 91)*

A empresa é um lugar onde posso construir uma parcela daquilo que pode me proporcionar situações de felicidade.
→ *(Por que fazemos o que fazemos? P. 83)*

Construir o equilíbrio entre intenções e condições é prioritário, sempre lembrando que o equilíbrio precisa ser em movimento (como na bicicleta), sem se conformar com o sedutor e falso equilíbrio que se imagina atingir na imobilidade.
→ *(Por que fazemos o que fazemos? P. 174)*

Trabalhar dá trabalho.
→ *(Por que fazemos o que fazemos? P. 88)*

Significados do
trabalho

Ninguém fica num local apenas por causa do salário, mas sua permanência é também pela capacidade de enxergar a finalidade positiva do que faz, do reconhecimento que obtém, do bem-estar que sente quando seu trabalho é valorizado e se percebe ali a possibilidade de futuro conjunto.

→ *(Qual é a tua obra? P. 37)*

A lealdade é cativada de outro modo, quando eu tenho reconhecimento, quando as pessoas são transparentes comigo, quando fico sabendo com clareza dos planos para o futuro, quando não sou tratado apenas como uma peça na engrenagem.

→ *(Por que fazemos o que fazemos? P. 139)*

Somos acometidos pela sensação de valorizarmos sempre o que não estamos fazendo. Uma espécie de nostalgia que nos acompanha. E isso também tem a ver com o fato de que escolher implica abdicar de algo.

→ *(Por que fazemos o que fazemos? P. 113)*

Afinal de contas, a expectativa criada, aquele movimento de inclinação a uma forma de desejo, que é ser feliz, é colocado numa fila de espera muito longa, em que se imagina: "Um dia eu vou sê-lo", "Um dia vou fazê-lo...". Isso, evidentemente, ajuda a movimentar as nossas intenções e ações, mas também precisamos percorrer o caminho. Enquanto aguardamos aquilo que virá, não podemos deixar de viver aquilo que pode ser vivido agora.

→ *(Por que fazemos o que fazemos? P. 123/124)*

Acredito que uma carreira anônima pode ser uma carreira muito bem-sucedida se a pessoa se sente em paz com seu papel na sociedade, no mundo.

→ *(Vida e carreira. P. 47)*

Muita gente hoje se recusa a atuar em algumas atividades que sejam danosas à vida coletiva. A dinâmica da relação muda: não é só um emprego onde faço o que me mandam. Preciso saber para o que serve o que estou fazendo. Não quero ser apenas um inocente útil. Desejo que a minha atividade seja consciente.

→ *(Por que fazemos o que fazemos? P. 13)*

Aquele que encontra no emprego o trabalho que quer ter está sempre motivado positivamente. Aquele que não encontra, de nada adianta ele ser estimulado. Tal pessoa precisa rever os objetivos que tem na vida e aquilo que faz.

→ *(Não se desespere! P. 83/84)*

Uma pessoa que tem uma carreira da qual a alegria faz parte é uma pessoa que se deixa contagiar pela energia dos projetos em que se envolve e contagia outras com suas ideias.

→ *(Vida e carreira. P. 88)*

Hoje, quando penso em um trabalho de qualidade de vida numa empresa, estou pensando em um trabalho que não seja alienado. Trabalhar cansa, mas não necessariamente precisa gerar estresse. Isso tem a ver com resultado, trabalho tem sempre a ver com resultado.

→ *(Qual é a tua obra? P. 21)*

Há uma mudança em curso no mundo do trabalho. As pessoas estão começando a fazer uma distinção necessária entre o que é essencial e o que é fundamental.

→ *(Qual é a tua obra? P. 63)*

Essencial é tudo aquilo que você não pode deixar de ter: felicidade, amorosidade, lealdade, amizade, sexualidade, religiosidade.

→ *(Qual é a tua obra? P. 63)*

Fundamental é o que lhe permite conquistar algo. Por exemplo, trabalho não é essencial, é fundamental. Você não trabalha para trabalhar, você trabalha porque o trabalho lhe permite atingir a amizade, a felicidade, a solidariedade. Dinheiro não é essencial, é fundamental. Sem ele, você passa dificuldade, mas ele, em si, não é essencial.

→ *(Qual é a tua obra? P. 64)*

Quando o importante fica sufocado pelo urgente, o tempo para consertar tal distúrbio é muito maior do que aquele que se usaria antes de ele existir...

→ *(Não se desespere! P. 128)*

Hoje este é um valor organizacional: uma pessoa consciente das razões pelas quais faz aquilo que faz é muito mais eficaz.

→ *(Por que fazemos o que fazemos? P. 27)*

Gestão de carreira

É sempre importante entender que aquilo que temos de especial em alguma área específica não nos salvará se não formos capazes de agregar outras habilidades e conhecimentos a isso. Grandes gênios de várias áreas ou conseguiram agregar uma multiplicidade de outras habilidades ou caíram no esquecimento...

→ *(Vida e carreira. P. 77)*

Hoje parte das carreiras é multifacetada. E há um aspecto interessante nisso, que é fazer com que a pessoa não fique reclusa num único trajeto.

→ *(A sorte segue a coragem! P. 97)*

Penso que hoje, no mundo do trabalho, da organização, nessa conexão entre carreira e vida, há pessoas que são protagonistas de si mesmas e da sua própria carreira, e outras que são antagonistas. Protagonistas são aquelas que, identificando as mudanças, não sucumbem a elas. E há outras pessoas que, identificando as mudanças velozes, se rendem a elas e se consideram perseguidas, vítimas. Frequentemente encontramos pessoas assim no mercado.

→ *(Vida e carreira. P. 24)*

Uma renovação persistente é o que faz com que as coisas não sejam o tempo todo do mesmo modo. Nem em nós, nem no mundo à nossa volta, nem a nossa presença no mundo. Há uma constância na realidade que é a sua forma contínua de mudança.

→ *(Pensar bem nos faz bem! – 3. P. 111)*

Só posso me reconhecer e, portanto, obter reconhecimento, se faço com que minha carreira possa ser apreciada por mim e por outras pessoas. Se só eu aprecio a minha carreira, continuo no terreno exclusivo da subjetividade – e, portanto, da relatividade absoluta. Mas se a minha carreira também é reconhecida por outras pessoas que me importam (como a família, meu grupo de amigos e a comunidade), aí sim posso considerar que se trata de uma carreira de sucesso. Em momento algum suponho que o sucesso se origine exclusivamente da felicidade individual. Desse ponto de vista, acho que o sucesso é algo agradável quando partilhado.

→ *(Vida e carreira. P. 57)*

O sucesso está na generosidade mental (ensinar o que sabe), na honestidade moral (praticar o que ensina) e na humildade inteligente (perguntar o que ignora).

→ *(Não nascemos prontos! P. 122)*

Cada vez melhor

Acho que maestria é a capacidade de fazer melhor: fazer melhor a minha vida, a minha comunidade, a minha empregabilidade.

→ *(A era da curadoria. P. 81)*

Tem gente que não consegue avançar em direção ao futuro e acaba ficando com um grande passado pela frente.

→ *(Qual é a tua obra? P. 73)*

Busque satisfazer a obra, a equipe, mas não fique satisfeito. A satisfação paralisa, adormece, entorpece.

→ *(Qual é a tua obra? P. 77)*

Num mundo competitivo, para caminhar para a excelência é preciso fazer o melhor, em vez de contentar-se com o possível.

→ *(Qual é a tua obra? P. 82)*

Faça o máximo onde está enquanto está ali, mas não pense que aquele é o único lugar em que se possa ou se deva estar.

→ *(Vida e carreira. P. 29)*

Um local de trabalho que tem uma ambiência pedagógica (não precisa necessariamente ter uma sala de aula, um local físico, embora possa ter), mas aquele ambiente em que o profissional se sinta ultrapassando aquilo que já sabia, em que haja uma permeabilidade de um aprendizado recíproco, de um ensino partilhado.

→ *(Por que fazemos o que fazemos? P. 145)*

Profissionais tendem a permanecer no lugar onde aprendem, crescem, expandem seu potencial.

→ *(A sorte segue a coragem! P. 137)*

ÓCIOS E NEGÓCIOS

A desocupação é criativa na medida em permite que você note o que não era notado. O olhar rotineiro é um olhar distraído. Toda vez que eu estiver numa situação de desocupação e passar a observar mais, vou encontrar outras fontes de conhecimento, de inspiração.

→ *(A sorte segue a coragem! P. 106)*

Hoje, não há ninguém desocupado em lugar nenhum, e isso impede a criação. O tédio é o mais forte motivo para a criatividade. Portanto, a ausência de tédio permite informação, mas nos faz reduzir nosso espaço de conhecimento.

→ *(A era da curadoria. P. 85)*

O refocilar deve somar-se ao morgar e disso tudo tem de trazer à tona a possibilidade de viver um fundamental "ócio recreativo"...

→ *(Não espere pelo epitáfio! P. 66)*

É necessário que quem perde o trabalho não se retraia, a ponto de entrar num movimento depressivo. A ausência de vitalidade predispõe a pessoa a se fechar dentro de casa (e de si mesma), em vez de ir para fora procurar alternativas.

→ *(Por que fazemos o que fazemos? P. 153/154)*

É possível (e recomendável) aproveitar essa circunstância para investir no aperfeiçoamento de competências: estudar, ler, ter ideias, se informar a respeito de casos bem-sucedidos. Nem que seja passar o dia lendo numa biblioteca ou fazer um curso gratuito para aperfeiçoamento de alguma habilidade.

→ *(Por que fazemos o que fazemos? P. 154)*

Não é fácil sair todos os dias de manhã, arrumado e esperançoso em busca de um trabalho e voltar à noite sem ele. Mas ficar em casa – por conta do esforço que se despende e da chateação que é enfrentar todas as etapas dessa busca – não compensa de modo algum.

→ *(Por que fazemos o que fazemos? P. 154)*

Quando você espreguiça na sala no sábado de manhã e diz: "Que bom, hoje eu não tenho nada para fazer". Não é "não tenho nada para fazer", é "eu tenho tudo o que eu quiser para fazer, que estiver na minha condição", porque nada há de obrigatório. Estou para mim.

→ *(Felicidade foi-se embora? P. 123)*

Estar no ócio significa a oportunidade de ir em busca do que não se sabe. Aquilo que já é sabido não passa de mera redundância. Aquilo que eu não sei é o que vai me fazer crescer.

→ *(A sorte segue a coragem! P. 138)*

Ócio não é falta do que fazer, mas a possibilidade de, nas condições apresentadas, fazer a escolha lúdica do que se deseja, sem constrangimento ou compulsoriedade.

→ *(Não nascemos prontos! P. 53)*

LIDERANÇA

Líder virtuoso

Enquanto a chefia é caracterizada pelo poder de mando sustentado pela posição que a pessoa ocupa em determinada hierarquia (na família, na empresa, na escola etc.), a liderança é uma autoridade que se constrói pelo exemplo, pela admiração, pelo respeito.

→ *(Liderança em foco. P. 9)*

... nenhum de nós exerce liderança ou é liderado o tempo todo. Isto é, vivemos as duas condições em momentos variados. É por essa razão que a liderança, no meu entender, é circunstancial...

→ *(Liderança em foco. P. 9)*

Defendo que liderança não é dom, mas virtude. Aliás, é exatamente porque não é um dom que podemos debater o tema. Porque, se fosse dom, não haveria discussão: a pessoa nasce ou não com esse traço; ela o possui ou não. Já que não é dom, podemos considerá-la virtude.

→ *(Liderança em foco. P. 10)*

A liderança é uma virtude que está em qualquer pessoa, do ponto de vista virtual. O virtual precisa ser atualizado ou realizado.

→ *(Qual é a tua obra? P. 67)*

Quem não gosta de pessoas virtuosas? A virtude é também aprendida, não é algo que se nasça com ela, como condição genética.

→ *(Pensar bem nos faz bem! – 2. P. 35)*

Cuidado com a ideia de líder no cotidiano. Cada vez mais, fala-se aos homens e às mulheres em posição de liderança que é preciso ter tantas e tais características, a tal ponto que isso não cabe em um ser humano.

→ *(Qual é a tua obra? P. 69)*

Liderança não tem a ver com idade, tem a ver com experiência. E vale observar que experiência não tem a ver com idade, tem a ver com intensidade, e não com extensidade. Não se confunda intensidade com extensidade. Por exemplo: alguém que guie carro há mais de trinta anos não necessariamente tem mais experiência do que alguém que guie há cinco anos. Pode ser que alguém habilitado há trinta anos faça somente dois trajetos por dia: vá para o trabalho e volte. E pode haver alguém habilitado há cinco anos, mas passe o dia inteiro se deslocando.

→ *(Qual é a tua obra? P. 85/86)*

Gosto de pensar que o líder é aquele que tem ojeriza à mediocridade. Porque mediocridade não significa ignorância ou impossibilidade. Mediocridade significa satisfazer-se com o mínimo.

→ *(Liderança em foco. P. 86)*

Liderar pressupõe a capacidade de se reinventar, de buscar novos métodos e soluções.

→ *(Qual é a tua obra? P. 99)*

Algumas das empresas confundem seriedade com "cara amarrada", com tristeza. Um líder sabe que seriedade não é sinônimo de tristeza, pois tristeza é sinônimo de problema. Seriedade não tem como contraponto alegria. O contrário de seriedade não é alegria, mas descompromisso.

→ *(Liderança em foco. P. 105)*

Assumir a postura de liderança é, antes de mais nada, uma escolha. Mas ela exige uma estupenda capacidade: a de se ter humildade.

→ *(Qual é a tua obra? P. 72)*

Relação com liderados

Uma parte da admiração do liderado surge quando ele vê o líder com humildade, buscando ele também conhecimento.

→ *(Liderança em foco. P. 134)*

Líderes são homens e mulheres que ajudam indivíduos, equipes a fazerem a travessia rumo ao futuro.

→ *(Qual é a tua obra? P. 93)*

A liderança é sempre circunstancial. Qual é a diferença entre líder e liderado? É a circunstância. Ou seja, a ocasião ou a situação.

→ *(Qual é a tua obra? P. 69)*

Nenhum ou nenhuma de nós é líder em todas as situações, nenhum ou nenhuma de nós consegue liderar qualquer coisa, ou todas as coisas e situações.

→ *(Qual é a tua obra? P. 69)*

Pessoas, autoridades, lideranças, potentados que têm algum tipo de poder, de riqueza, de mando muitas vezes são admiradas pela simplicidade. Elas vivem de forma simples sem carregar qualquer ostentação inútil.

→ *(Pensar bem nos faz bem! – 3. P. 24)*

O líder é aquele que eleva a equipe, ele não sobe sozinho. Você será um líder inspirador quando, ao subir, levar junto o teu subordinado, o teu liderado.

→ *(Qual é a tua obra? P. 95)*

Existe, portanto, um componente feminino na capacidade de liderar – que, aliás, não é exclusivo das mulheres, elas apenas têm um feminino mais adensado –, mas esse componente é uma atitude frente à vida, é a capacidade de doação e de envolvimento; é a ideia do amplexo: no envolvimento, o líder se doa e abraça.

→ *(Liderança em foco. P. 106)*

Se você tem a tarefa de gestor, será que aquela pessoa que trabalha com você no dia a dia tem clareza de qual é a obra dela dentro da equipe, da empresa, da sociedade? Ou será que ela, porventura, supõe que a obra dela é apenas aquilo que está fazendo no imediato? Essa é uma questão relevante porque uma das tarefas do líder é esclarecer a obra coletiva.

→ *(Qual é a tua obra? P. 68/69)*

Acho que a tarefa do líder é negar o que é arcaico, proteger o que é avanço do presente e elevar a condição atual.

→ *(Liderança em foco. P. 145)*

O líder é aquele ou aquela capaz, numa dada circunstância, de levar adiante pessoas, projetos, ideias, metas. Qualquer um consegue fazer isso, desde que transforme a sua força intrínseca numa força atual.

→ *(Qual é a tua obra? P. 70)*

Há alguns chefes que são líderes, lembrando que liderança tem a ver com capacidade de inspirar, enquanto que chefia é uma estrutura hierárquica.

→ *(Qual é a tua obra? P. 74)*

CONDUTAS

Motivações e propósitos

A principal fonte da animação é enxergar sentido em tudo que se faz. Ninguém tem ânimo para ler um livro, para estudar um material, para aprender algo, para trabalhar em alguma atividade se não compreender o sentido daquilo que se está fazendo. A fonte prioritária da animação é a compreensão do sentido.

→ *(Pensar bem nos faz bem! – 1. P. 36)*

Uma vida com propósito é aquela em que eu entenda as razões pelas quais faço o que faço e pelas quais claramente deixo de fazer o que não faço.

→ *(Por que fazemos o que fazemos? P. 12)*

Como resolvemos a questão do cansaço? Fácil, descansando. Já o estresse demanda uma reflexão sobre o que nos está deixando infelizes naquilo que fazemos. Só se mexe com estresse mudando de rota, de objetivo.

→ *(Pensar bem nos faz bem! – 2. P. 117)*

Quem está motivado faz mais do que a obrigação, isto é, tem a obrigação como ponto de partida e não de chegada.

→ *(Por que fazemos o que fazemos? P. 61)*

A principal causa da desmotivação é a ausência de reconhecimento. Quando o profissional não é objeto de gratidão pelo que faz.

→ *(Por que fazemos o que fazemos? P. 65)*

Tanto a ausência de reconhecimento quanto o reconhecimento superdimensionado são atitudes equivocadas no trato com o outro.

→ *(Por que fazemos o que fazemos? P. 69)*

Não se pode reconhecer de maneira falsa. Não se pode apenas fingir um elogio para que a outra pessoa se sinta bem, porque isso é cinismo. Mas é preciso reconhecer de maneira contínua para que a pessoa saiba a importância que tem e, sobretudo, para que siga melhorando.

→ *(Pensar bem nos faz bem! – 2. P. 41)*

Partir ou ficar?

O erro faz parte do processo de acerto, da tentativa de inovação, da procura de construir algo melhor. Ninguém é imune ao erro. A clássica frase "errar é humano" não é uma justificativa, é uma explicação. Ela significa, entre outras coisas, que nós somos, sim, passíveis de errar, mas insisto: erro não é para ser punido, é para ser corrigido. Corrige-se erro de modo que quem errou faça direito da próxima vez.

→ *(Pensar bem nos faz bem! – 1. P. 56)*

Só seres que arriscam erram. Não confunda erro com negligência, desatenção e descuido. Ser capaz de arriscar é uma das coisas mais inteligentes para mudar. Você não tem de temer o erro. Tem de temer a negligência, a desatenção e o descuido.

→ *(Qual é a tua obra? P. 29)*

A concepção de coragem se refere a uma força virtual (no sentido de que tem potencial para se realizar), que se dá de forma organizada e consciente. Essa força se caracteriza por ser uma disponibilidade, uma inclinação para uma ação eficaz, mas que precisa estar estruturada.

→ *(A sorte segue a coragem! P. 13)*

Não confunda audácia com aventura. Audacioso ou audaciosa é aquele ou aquela que planeja, organiza, estrutura e vai. Aventureiro ou aventureira é quem diz: "Vamos que vamos e veremos no que dá".

→ *(Qual é a tua obra? P. 47)*

A coragem preparada pode ser chamada também de audácia, que é a iniciativa competente. Existe uma iniciativa incompetente, que eu chamo de aventura.

→ *(A sorte segue a coragem! P. 49)*

Existe uma cautela que não é inteligente, aquela que nos leva à imobilidade. Mas a cautela inteligente também pode ser entendida como pensamento estratégico em algumas dimensões ou retardar algo do ponto de vista tático; saber resguardar-se quando não é adequado ir adiante, ter uma virtude muito importante em qualquer atividade, que é a prudência.

→ *(Pensar bem nos faz bem! – 3. P. 57)*

Eu tenho que ter medo de ficar desatualizado, de que meu país não seja decente, de ficar ultrapassado nos conhecimentos que devo possuir. Isso não significa deixar-se imobilizar. Ao contrário, leva o indivíduo a um estado de alerta em relação à possibilidade de mudança.

→ *(Vida e carreira. P. 22)*

A esperança pressupõe que, mesmo quando se tem um projeto, não necessariamente será possível ser bem-sucedido. A esperança não desanima, mesmo quando o êxito não é imediato.

→ *(Sobre a esperança. P. 60)*

VIRTUDES E PECADOS

Humildade intelectual é a capacidade de saber que nós estamos no mesmo nível como fonte de conhecimento para outra pessoa. Eu sei que ensino e que sou ensinado. Só é um bom ensinante quem for um bom aprendente.

→ *(Pensar bem nos faz bem! – 1. P. 57)*

Modéstia é aquilo que não excede, aquilo que não exagera em relação a si mesmo. Modesto é aquele capaz de saber que, embora tenha qualidades, primeiro não as tem todas, e segundo, mesmo as tendo, não deve propagá-las em larga escala, porque o autoelogio não é algo que se deva assimilar como uma conduta inteligente.

→ *(Pensar bem nos faz bem! – 2. P. 126)*

O "perfeccionismo" parece ser o defeito predileto dos que se consideram sem defeitos; é difícil que alguém se declare dissimulado, fingido ou incongruente e, por isso, o "querer tudo certinho" é a grande e positiva distinção entre os mortais que padecem de alguma debilidade de caráter.

→ *(Não espere pelo epitáfio! P. 67)*

A calúnia não deve ser repudiada apenas por uma questão de boa educação, de etiqueta, mas para evitar que aquilo que, não sendo verdadeiro, seja colocado – ainda que agrade a fofoqueiros.

→ *(Pensar bem nos faz bem! – 2. P. 49)*

A inveja é o exagero da admiração. Há pessoas que nos admiram e há outras que nos invejam. Quase sempre, o invejoso não é aquele que quer ter o que eu tenho, mas ele quer que eu não tenha. Isso poderia acalmá-lo dentro de uma circunstância.

→ *(Pensar bem nos faz bem! – 3. P. 54)*

Uma pessoa complacente é aquela que admite uma frouxidão de princípios, de hábitos, de rigor em relação ao que precisa ser feito.

→ *(Pensar bem nos faz bem! – 4. P. 33)*

A autocomplacência é mais perigosa ainda, porque coloca a fragilização da capacidade crítica sobre si mesmo. Aceitar-se em excesso, inclusive naquilo que se equivoca é, sim, risco grande.

→ *(Pensar bem nos faz bem! – 4. P. 33)*

O indivíduo ambicioso é aquele que quer ser mais e melhor. É diferente do sujeito ganancioso, que quer tudo só para si e a qualquer custo.

→ *(A sorte segue a coragem! P. 60)*

Uma pessoa inteligente, com humildade e sabedoria, é aquela que consolida as certezas do que deve fazer a partir da capacidade de não supor que estas são imutáveis e invulneráveis. Afinal, sabemos, a melhor maneira de ficar vulnerável é pensar-se como invulnerável...

→ *(Não se desespere! P. 122)*

Adaptação é a postura passiva, enquanto integração é a postura ativa. Penso que aqueles que sentiram um impacto negativo com as mudanças no mundo do trabalho são os que se adaptaram e, por isso, tiveram (ou têm) fortes aflições. Porém, os que tiveram e têm uma postura proativa se integraram.

→ *(Vida e carreira. P. 19)*

Flexibilidade é uma grande virtude, num mundo de mudanças em que não devemos envelhecer as práticas e as ideias. Mas volubilidade, mudar por qualquer coisa, é um vício perigoso. Porque não conduz à segurança da ação.

→ *(Pensar bem nos faz bem! – 2. P. 53)*

Poder e glória, quando assumidos com empáfia ou insolência, quando sinais de soberba e petulância egoísta, são, de fato, passageiros.

→ *(Não espere pelo epitáfio! P. 39)*

ÉTICA NÃO É COSMÉTICA

[*O filósofo Immanuel*] Kant sugere algo especial. Ele diz que tudo o que não se puder contar como fez, não se deve fazer. Porque, se há razões para não poder contar, essas são as mesmas razões para não fazer. E não estou falando de sigilo, estou falando de vergonha. Pois existem coisas que não podem ser contadas porque pertencem ao terreno da privacidade, do sigilo. Mas há aquelas que não podemos contar porque nos envergonham, nos diminuem.

→ *(Ética e vergonha na cara! P. 20)*

A ética está conectada ao território da liberdade e da capacidade de escolha.

→ *(Não se desespere! P. 88)*

Tudo que não prejudicar a outra pessoa está no campo da tua ou da minha liberdade. Algumas pessoas entendem a liberdade como a possibilidade de fazer qualquer coisa. De fazer, inclusive, o que quiserem, independentemente da existência de outras pessoas. Isso, de maneira alguma, é liberdade.

→ *(Pensar bem nos faz bem! – 4. P. 88)*

Autêntico é aquilo que coincide com ele mesmo, isto é, que não é simulacro ou imitação, ou fingimento, ou dissimulação. Em outras palavras, autêntico é o que não perde inteireza e integridade.

→ *(Ética e vergonha na cara! P. 46)*

A autenticidade exige a recusa a ser contraditório. Nós somos passíveis de sermos contraditórios, mas temos de ficar atentos para não sê-lo. E, sendo contraditório, precisamos ter a capacidade de corrigir esse desvio de conduta.

→ *(Educação, convivência e ética. P. 65)*

Praticar o que se ensina, isto é, evitar dizer uma coisa e fazer outra, é uma conduta ética que queremos o tempo todo, em todos os lugares.

→ *(Pensar bem nos faz bem! – 2. P. 31)*

Tristes tempos! Vivemos numa época de interesses recíprocos, atravessamos um período de pragmatismos mútuos, nos quais as regras da competitividade mortal e de uma base econômica idólatra e implacável nos mecanismos de exclusão impõem valores gananciosos! Uma norma principal ganha corpo: é bom tudo o que for útil, é adequado tudo o que for lucrativo, é moralmente confortável tudo o que for vantajoso.

→ *(Não nascemos prontos! P. 79)*

A cooperação como princípio para o lucro higiênico, isto é, que acolhe a lucratividade como justa remuneração e retorno do esforço feito e da inteligência empregada, sem que se admita que quaisquer meios são válidos para consegui-lo, pois sabe que nem toda a vitória é honrosa e nem todo o sucesso é decente.

→ *(Não se desespere! P. 41)*

A honestidade é, sim, uma virtude, assim como a lealdade. Não devemos admitir esse empobrecimento vocabular de negar a essas qualidades o *status* de virtudes, entendendo-as como simples obrigações. Tanto são virtudes que resultam de uma escolha. Se fossem obrigações, não haveria como escolher a direção.

→ *(Sobre a esperança. P. 86)*

O assédio moral acontece todas as vezes em que gero constrangimento em alguém, obrigando-o a fazer algo ou impedindo-o de fazer algo fora do limite da ética da convivência reciprocamente saudável; também desponta assédio quando uso da minha autoridade hierárquica, ou familiar, ou econômica, para manietar a liberdade de pensamento e ação. O mais presente é o assédio em forma de humilhação.

→ *(Não se desespere! P. 60)*

Quem deseja uma vida decente precisa de valores e propósitos decentes, que não sejam destrutivos, autofágicos, degradantes.
→ *(Por que fazemos o que fazemos? P. 91)*

A honestidade não pode ser cínica, de modo que alguém, apenas porque não sabia da existência de uma situação da qual pudesse participar e se beneficiar, se considere honesto.
→ *(Pensar bem nos faz bem! – 4. P. 16)*

A resignação mata a própria dignidade, porque tem, por princípio, a suposição de que nada pode ser feito ou porque falta coragem para fazê-lo.
→ *(Pensar bem nos faz bem! – 4. P. 93)*

Há uma pergunta séria que deve ser respondida por uma empresa: Esta é uma empresa que obtém sua lucratividade, sua rentabilidade, sua competitividade e sua produtividade a qualquer custo? Ou há um custo que seus dirigentes não aceitam pagar, como, por exemplo, vitimar pessoas, comunidades, ambientes?

→ *(Vida e carreira. P. 36)*

Não é um bom negócio fazer qualquer negócio. Há negócios que não podem ser feitos, e um deles é desproteger a comunidade interna de pessoas ou desproteger a sua comunidade externa, que é onde ela se insere. Porque, embora seja possível obter um sucesso eventual com esse modo de atuar no mercado, ele não tem persistência, não consegue se tornar perene.

→ *(Vida e carreira. P. 37/38)*

Um sucesso que não seja decente, que não carregue a honra da honestidade, é um sucesso forjado.

→ *(Pensar bem nos faz bem! – 2. P. 95)*

A empresa séria pratica o que divulga e não admite que a ética seja mero instrumento de propaganda. Só assim se conquista respeito e credibilidade.

→ *(Qual é a tua obra? P. 136)*

Compliance é uma palavra que passou a ser corrente no linguajar das organizações. Mas esse conjunto de disciplinas tem de estar nas práticas cotidianas. Qualquer descompasso entre discurso e prática atingirá a reputação da companhia, dado o grau de informação e a velocidade de difusão que se tem atualmente.

→ *(Por que fazemos o que fazemos? P. 103)*

Honestidade não é o que se coloca apenas no campo público, mas é a autenticidade, a pessoa que é capaz de ter uma conduta com ela mesma e com as outras pessoas que não seja marcada pelo oportunismo, pela capacidade de usar a mera circunstância, aproveitar-se daquilo que não deveria fazer.

→ *(Pensar bem nos faz bem! – 4. P. 16)*

Uma pessoa complacente é aquela que admite uma frouxidão de princípios, de hábitos, de rigor em relação ao que precisa ser feito. E a autocomplacência é mais perigosa ainda, porque coloca a fragilização da capacidade crítica sobre si mesmo. Aceitar-se em excesso, inclusive naquilo que se equivoca é, sim, risco grande.

→ *(Pensar bem nos faz bem! – 4. P. 33)*

Por exemplo, em minha atividade como palestrante, encontro muitos jovens com essa mentalidade e que mantêm empresas cujo retorno precisa ser ou de natureza de proteção ambiental ou que faça crescer a vida da comunidade. Eles estão fazendo o que se chama de investimento social.

→ *(Basta de cidadania obscena! P. 34)*

Muitas vezes, o prático e o óbvio são apenas o prático e o óbvio, não obrigatoriamente o correto.

→ *(Pensar bem nos faz bem! – 3. P. 50)*

Nós somos, de fato, aquilo que escolhemos e as consequências que assumimos.
→ *(Pensar bem nos faz bem! – 1. P. 29)*

Avaliação e autoavaliação

O mérito não deve ser entendido como privilégio. O mérito tem de ser aquilo que é alcançado com persistência.

→ *(Nos labirintos da moral. P. 65)*

Há muita gente que prefere ficar submersa no trabalho que desenvolve, prefere ficar quietinha no canto para não ser avaliada. É uma forma de autoproteção, mas ela impede uma avaliação mais clara. Quando nos colocamos na sombra e fora do campo da avaliação, podemos até ficar com a autoimagem preservada, mas ela pode ser falsa porque é omissa.

→ *(Pensar bem nos faz bem! – 4. P. 101)*

Mas há uma premissa de base que vale para a educação e para a empresa, que é supor que a vida é uma corrida de 100 metros rasos, quando, na verdade, é uma maratona. A vida é uma maratona. É necessário ter ritmo, ter capacidade de economizar energia. Temos que saber que, às vezes, não estamos na frente, mas sim no pelotão secundário, porque estamos nos poupando para um momento em que a escalada vai ser mais difícil.

→ *(Liderança em foco. P. 72/73)*

Quando alguém discorda de nós, nos obriga a pensar de outro modo, a procurar alternativas, a buscar outros caminhos e, portanto, nos retira de um terreno eventualmente confortável, mas, marcado também por um nível de superficialidade ou até de equívoco.

→ *(Pensar bem nos faz bem! – 4. P. 49)*

A concordância faz com que permaneçamos estacionados. A discordância faz com que cresçamos. A palavra "concordância" vem de cor, "coração", e significa unir os corações. Discordar, por sua vez, é promover a separação dos corações, algo que possibilita o desenvolvimento pessoal.

→ *(Viver em paz para morrer em paz. P. 52)*

Quando temos a capacidade de prestar atenção, de abrir a cabeça a quem não é como nós, também nos escutamos, não apenas o outro.

→ *(Pensar bem nos faz bem! – 3. P. 64)*

Pontos capitais

Empresas que querem ir rápido, vão sozinhas. Isto é, elas desconsideram ou relegam a segundo plano o conjunto de seus trabalhadores e, eventualmente, só se preocupam com os gestores. Outras empresas, mais inteligentes em termos de futuro, conseguem desenvolver mecanismos para ir junto com seus trabalhadores, com as pessoas, com a comunidade, sem atuar de maneira a vitimar o ambiente.

→ *(Vida e carreira. P. 37)*

Está faltando "cafuné" no mundo do trabalho. Não é só uma passadinha de mão na cabeça; é, de verdade, o compromisso com um lazer sadio, familiarmente partilhado e vetor de sustentabilidade.

→ *(Não se desespere! P. 58)*

Quando ocorre extinção de cargos, quem fica faz o trabalho dobrado, situação que evidencia equívocos na gestão.

→ *(Por que fazemos o que fazemos? P. 34)*

Quando a empresa manda parte da mão de obra embora, pode até economizar nos custos de trabalho, mas, se houver uma retomada do fôlego, vai gastar muito mais para preparar pessoas novas para aquela atividade.

→ *(Por que fazemos o que fazemos? P. 35)*

Vale lembrar que rotina não é sinônimo de monotonia. O que faz com que haja um enfado em relação ao cotidiano profissional é a monotonia, não a rotina.

→ *(Por que fazemos o que fazemos? P. 39)*

A rotina garante maior eficiência e segurança naquilo que se faz.

→ *(Por que fazemos o que fazemos? P. 39)*

Há uma diferença entre a rotina, na qual eu faço uma atividade notando a sequência correta e a completo, e a monotonia, em que a faço sem perceber. Nessa hora, a motivação falece. Seja qual for a profissão.

→ *(Por que fazemos o que fazemos? P. 40)*

Sinergia significa "força junto". E, nesse sentido, fazer "força junto" obriga a olhar o outro como outro, e não como estranho.

→ *(Qual é a tua obra? P. 79)*

Hoje a noção de desenvolvimento da competência está incorporada à própria ideia de trabalho. A empresa inteligente busca transformar todas as situações possíveis de seu cotidiano em ocasiões de aprendizagem.

→ *(A sorte segue a coragem! P. 137)*

COMPETÊNCIAS

Em formação

A competência não é um infinitivo, que já está fechado, concluído. Ela é um gerúndio, um processo de formação. Nós nos tornamos competentes e incompetentes no dia a dia.

→ *(Pensar bem nos faz bem! – 2. P. 19)*

Para o século XXI, temos de trabalhar muito a ideia de competência. E há aí um obstáculo. A nossa competência tem um prazo de validade menor nesses tempos. Isto é, a velocidade de mudanças das coisas é tamanha, que perdemos competência com igual rapidez.

→ *(Educação, escola e docência. P. 41)*

Gente não nasce pronta e vai se gastando. Gente nasce não pronta e vai se fazendo.

→ *(Não nascemos prontos! P. 14)*

A sorte segue a coragem, desde que a coragem seja competente.

→ *(A sorte segue a coragem! P. 46)*

Um dos discursos de autoajuda que mais me incomodam é o que proclama: "Se você acreditar, se tiver a coragem de começar, você chega lá". Não é bem assim que as coisas acontecem. Esse tipo de fala produz um movimento ilusório de energia que a pessoa pode não necessariamente ter.

→ *(A sorte segue a coragem! P. 50)*

O autoconhecimento é um processo necessário e fundamental para a melhoria de si mesmo – um processo interminável, pois tudo o que acontece à nossa volta nos afeta e nos transforma.

→ *(Viver em paz para morrer em paz. P. 137)*

Num mundo que muda velozmente, você passa do primeiro lugar a desclassificado do jogo em menos de um ano. Isso não é para nos deixar em estado de tensão, mas em estado de atenção. Ou seja, não descuidar e não achar que se é invulnerável.

→ *(Qual é a tua obra? P. 79)*

Não somos competentes, estamos sendo. Formamos nossa competência no dia a dia. Uma empresa, uma pessoa ou um grupo não são já qualificados, mas qualificantes – estão sempre em processo dinâmico.

→ *(Pensar bem nos faz bem! – 2 P. 19)*

Hoje, o trabalho das pessoas não pode mais ser entendido como commodity. Por isso, eu, se presidente de empresa fosse, faria da formação continuada algo prioritário, porque é nisso que se dá hoje a diferenciação no que se refere ao conjunto das organizações.

→ *(Qual é a tua obra? P. 33)*

Formar pessoas para a autonomia exige que elas desenvolvam a sensibilidade, a capacidade de acumulação de conhecimento e informação, a capacidade de apropriar-se desse conhecimento e dar a ele aplicabilidade.

→ *(Qual é a tua obra? P. 35)*

É gratificante deixar um lugar na sexta-feira ou no sábado pensando: "Eu não estou terminando a semana sabendo a mesma coisa que eu sabia na segunda-feira".

→ *(Por que fazemos o que fazemos? P. 145)*

É necessário lembrar: o melhor, tal como a excelência, não é um lugar ao qual se chega; é um horizonte. Se supusermos ter chegado ao melhor, estamos apenas dentro do possível, dado que o melhor está sempre além e, desse modo, urge buscá-lo, para não deixar a vida oca, sem causa.

→ *(Pensatas pedagógicas. P. 127/128)*

Ser capaz de assombrar-se, de não perder a possibilidade da admiração, recusar o que faz com que nosso olhar fique monótono; tudo isso nos eleva a percepção e a inventividade.

→ *(Pensar bem nos faz bem! – 1. P. 108)*

Excelência não é um lugar aonde você chega. Excelência é um horizonte.

→ *(Qual é a tua obra? P. 78)*

INFORMAÇÃO E FORMAÇÃO

A questão não é, de forma alguma, abandonar a tecnologia e seus resultados positivos; isso seria uma estupidez. O que não se pode perder, porém, é a capacidade de ficar espantado; essa perda nos leva a achar tudo muito óbvio e rotineiro, impedindo a admiração que conduz à reflexão criadora. É o famoso (e ambíguo) "parar para pensar" e, claro, admirar.

→ *(Não nascemos prontos! P. 17/18)*

A internet, dentre as mídias contemporâneas, é a mais fantástica e estupenda ferramenta para acesso à informação; no entanto, transformar informação em conhecimento exige, antes de tudo, critérios de escolha e seleção, dado que o conhecimento (ao contrário da informação) não é cumulativo, mas seletivo.

→ *(Não nascemos prontos! P. 24)*

Sem critérios seletivos, muitos ficam sufocados por uma ânsia precária de ler tudo, acessar tudo, ouvir tudo, assistir tudo. É por isso que a maior parte dessas pessoas, em vez de navegar na internet, naufraga...

→ *(Não nascemos prontos! P. 26)*

O inverso de fertilidade é esterilidade. Há uma informação estéril, há um espaço pedagógico estéril, há uma comunicação estéril, que é aquela que não gera a capacidade de elevação em relação ao que já se tinha. Porque educar é tirar o indivíduo de um lugar e levar para outro.

→ *(A era da curadoria. P. 40)*

Eu, robô? Jamais! Ah, é?! E uma parte dos nossos movimentos que é feita usando prioritariamente o "piloto automático"? E as nossas performances encharcadas de redundância, ritualizadas de forma obsessiva, até atingirmos a não necessidade de refletir para agir? E o recurso cada vez mais frequente às estratégias tautológicas para evitar qualquer desvio de rota que implique audácia e inovação?

→ *(Não se desespere! P. 107)*

É necessário desenvolver a expressividade, porque a vida laboral é comunicação o tempo todo.

→ *(Vida e carreira. P. 98)*

Para ser competitivo

Aqui é preciso lembrar que um adversário fraco te enfraquece, um concorrente burro te emburrece. E um adversário forte, fortalece.

→ *(Viver em paz para morrer em paz. P. 55)*

Ter método é estruturar passos e caminhos para chegar a algum lugar, em vez de deixá-los correr de maneira frouxa. Ser metódico, inclusive, ajuda a cansar menos.

→ *(Pensar bem nos faz bem! – 1. P. 62)*

Em primeiro lugar, disciplina é algo que ajuda imensamente a ganhar tempo, pois se trata de fazer algo de forma estruturada para se chegar aos objetivos desejados. Em segundo lugar, a sofrer menos com o que se faz.

→ *(Pensar bem nos faz bem! – 1. P. 26)*

É necessário fazer outras perguntas, ir atrás das indagações que produzem o novo saber, observar com outros olhares através da história pessoal e coletiva, evitando a empáfia daqueles e daquelas que supõem já estar de posse do conhecimento e da certeza.

→ *(Não nascemos prontos! P. 120)*

O indivíduo intuitivo sempre é necessário num grupo de trabalho, mas não é suficiente, porque a intuição tem seus limites. Ela é como um cometa, ilumina a situação por pouco tempo.

→ *(Vida e carreira. P. 99)*

Hoje, as empresas falam menos na formação de um generalista, e mais na de um multiespecialista. Não se trata de mera diferenciação de linguagem. É menos uma pessoa voltada para uma visão genérica das coisas, e sim aquele ou aquela que ganha autonomia para construir uma nova competência.

→ *(Por que fazemos o que fazemos? P. 167)*

A missão dos gestores não é formar uma pessoa continuamente de saída para outro lugar. Ela tem de estar de prontidão, apta a seguir para outra direção, se as circunstâncias demandarem.

→ *(Por que fazemos o que fazemos? P. 168)*

Pior do que não saber é fingir que sabe. Quando você finge que sabe, impede um planejamento adequado, impede uma ação coletiva eficaz. Por isso, a expressão "não sei" é um sinal de absoluta inteligência.

→ *(Qual é a tua obra? P. 28)*

A inovação do conhecimento, do aprendizado se dá quando somos capazes também de desaprender aquilo que sabíamos, não na totalidade, mas alguma parte para que se possa colocar algo novo no lugar.

→ *(Pensar bem nos faz bem! – 1. P. 96)*

Gente que não tem dúvida não é capaz de inovar, de reinventar, não é capaz de fazer de outro modo. Gente que não tem dúvida só é capaz de repetir.

→ *(Qual é a tua obra? P. 29)*

O que eu ainda não sei revigora as possibilidades dos degraus futuros de conhecimento, à medida que alarga as minhas fronteiras de saber e indica um horizonte que pode ser vislumbrado e desejado.

→ *(Pensar bem nos faz bem! – 1. P. 58)*

Gerações em convívio

É preciso que os gestores trabalhem nessa dupla dimensão. Não deixar de oferecer às novas gerações a condição de poder fruir o local de trabalho como parte do propósito de sua própria vida, mas, por outro lado, mostrar que é necessário fazer coisas que não são prazerosas e fáceis. Para as coisas acontecerem, é preciso esforço.

→ *(Por que fazemos o que fazemos? P. 85)*

Muitas pessoas que têm bastante idade são por nós consideradas sábias, não porque têm uma experiência extensa, mas porque passaram a vida prestando atenção, conversando, abrindo a cabeça para aquilo que é diferente e é novo, em vez de ficarem grudadas num passado, que, em alguns momentos, precisa ser colocado fora.

→ *(Pensar bem nos faz bem! – 1. P. 61)*

Entender que a educação intergeracional, em que uma geração aprende com a outra, é um sinal de inteligência, que carrega algo especial: a capacidade de aprendermos com quem sabe, independentemente da idade que essa pessoa tenha.

→ *(Pensar bem nos faz bem! – 1. P. 70)*

As empresas que têm projetos mais inteligentes são aquelas cujas equipes são multigeracionais.
→ *(A era da curadoria. P. 99)*

A diversidade geracional é um patrimônio, não um encargo. Ela permite esse estar junto na diversidade.

→ *(A era da curadoria. P. 99)*

Sabedoria não tem a ver com idade, mas com a intensidade da reflexão sobre a experiência vivida.

→ *(Vida e carreira. P. 105)*

Muita gente acha que se conhece bem e que é a melhor companhia para si mesmo, sem perceber que pode estar sozinho e mal acompanhado.

→ *(Viver em paz para morrer em paz. P. 142)*

As pessoas capazes de usar o seu somatório de experiências e, ao refletir sobre elas, transformá-las num patamar mais elevado de conhecimento não só identificam o "como fazer", mas também o "quando" e o passo além da mera execução.

→ *(A sorte segue a coragem! P. 87)*

BIBLIOGRAFIA

A era da curadoria. O que importa é saber o que importa, com Gilberto Dimenstein. São Paulo: Papirus 7 Mares, 2016.

A sorte segue a coragem! Oportunidades, competências e tempos de vida. São Paulo: Planeta do Brasil, 2018.

Basta de cidadania obscena!, com Marcelo Tas. São Paulo: Papirus 7 Mares, 2017.

Educação, convivência e ética: Audácia e esperança! São Paulo: Cortez Editora, 2015.

Educação, escola e docência: novos tempos, novas atitudes. São Paulo: Cortez Editora, 2014.

Ética e vergonha na cara!, com Clóvis de Barros Filho. São Paulo: Papirus 7 Mares, 2014.

Felicidade, foi-se embora?, com Frei Betto e Leonardo Boff. Rio de Janeiro: Vozes, 2016.

Liderança em foco, com Eugenio Mussak. São Paulo: Papirus 7 Mares, 2009.

Não espere pelo epitáfio! Provocações Filosóficas. Rio de Janeiro: Vozes, 2005.

Não nascemos prontos! Provocações Filosóficas. Rio de Janeiro: Vozes, 2006.

Não se desespere! Provocações Filosóficas. Rio de Janeiro: Vozes, 2013.

Nos labirintos da moral, com Yves de la Taille. São Paulo: Papirus 7 Mares, 2005.

Pensatas pedagógicas – Nós e a escola: Alegrias e agonias. Rio de Janeiro: Vozes, 2014.

Pensar bem nos faz bem! Pequenas reflexões sobre grandes temas. Rio de Janeiro: Vozes, 2013. v. 1.

Pensar bem nos faz bem! Pequenas reflexões sobre grandes temas. Rio de Janeiro: Vozes, 2013. v. 2.

Pensar bem nos faz bem! Pequenas reflexões sobre grandes temas. Rio de Janeiro: Vozes, 2015. v. 3.

Pensar bem nos faz bem! Pequenas reflexões sobre grandes temas. Rio de Janeiro: Vozes, 2015. v. 4.

Por que fazemos o que fazemos? Aflições vitais sobre trabalho, carreira e realização. São Paulo: Planeta do Brasil, 2016.

Sobre a esperança: Diálogo, com Frei Betto. São Paulo: Papirus 7 Mares, 2007.

Qual é a tua obra? Inquietações propositivas sobre gestão, liderança e ética. Rio de Janeiro: Vozes, 2007.

Vida e carreira: Um equilíbrio possível?, com Pedro Mandelli. São Paulo: Papirus 7 Mares, 2011.

Vivemos mais! Vivemos bem? Por uma vida plena, com Terezinha Azerêdo Rios. São Paulo: Papirus 7 Mares, 2013.

Viver em paz para morrer em paz. Se você não existisse, que falta faria? São Paulo: Planeta do Brasil, 2017.

**Acreditamos
nos livros**

Este livro foi composto em Adobe Garamond Pro e Bliss Pro e impresso pela Gráfica Santa Marta para a Editora Planeta do Brasil em maio de 2019.